ヨーロッパの窓

～石畳の路地裏散歩～

写真・文　上野美千代

Český Krumlov/Czech

INDEX

01 開き窓／花・植物・自然／木組み・レンガ ……………… 8

02 フレスコ画／スグラッフィート／
   壁絵・だまし絵／アート・陶器・モザイク ……………… 56

03 アイアン・ガラス／木・石・壁／
   像・装飾・彫刻／ビル・ホテル ……………102

04 カフェ・レストラン／ショップ・ギャラリー／
   ショーウィンドウ ……………… 144

心の窓を思いっきり開いて
古い石畳の路地裏を
ゆっくりと歩いてみる。

光と風が戯れる可愛い窓辺から
木や石や花たちのささやきが
聞こえてきそう。

01

開き窓／花・植物・自然／木組み・レンガ

ヨーロッパの町や村の窓辺はレースや花で愛らしく飾られ、通りのあちこちから多彩な表情で語りかけてくる。ペンキが塗り重ねられたカラフルな窓の扉も、ところどころ色が剥がれかけた木の枠も、それぞれに雰囲気があって味わい深い。古いものを大切にし、景観にマッチさせながら演出する"魅せる窓辺"。そんな人々の美意識や個性や丁寧な暮らしと出会えるのも、路地裏歩きの楽しいところである。

01-1 開き窓

Schaffhausen/Switzerland

Stein am Rhein/
Switzerland

Stein am Rhein/Switzerland

Vence/France

Kaysersberg/France

Verona/Italy

Gordes/France

Ardez/Switzerland

Mittenwald/Germany

Garmisch-Partenkirchen/Germany

Garmisch-Partenkirchen/Germany

Gorbio/France

Gordes/France

Aix-en-Provence/
France

Mittenwald/
Germany

Oberammergau/
Germany

Roussillon/France

Roussillon/France

Rothenburg ob der Tauber/Germany

Bern/Switzerland

Appenzell/Switzerland

London/UK

London/UK

Durbuy/Belgium

Roussillon/France

Appenzell/Switzerland

Quedlinburg/Germany

01-3　木組み・レンガ

Quedlinburg/Germany

Eguisheim/France

Quedlinburg/Germany

42

Ulm/
Germany

43

Strasbourg/
France

Quedlinburg/Germany

Hameln/Germany

Honfleur/ France

Brugge/Belgium

Wernigerode/Germany

Oberammergau/Germany

Brugge/Belgium

31

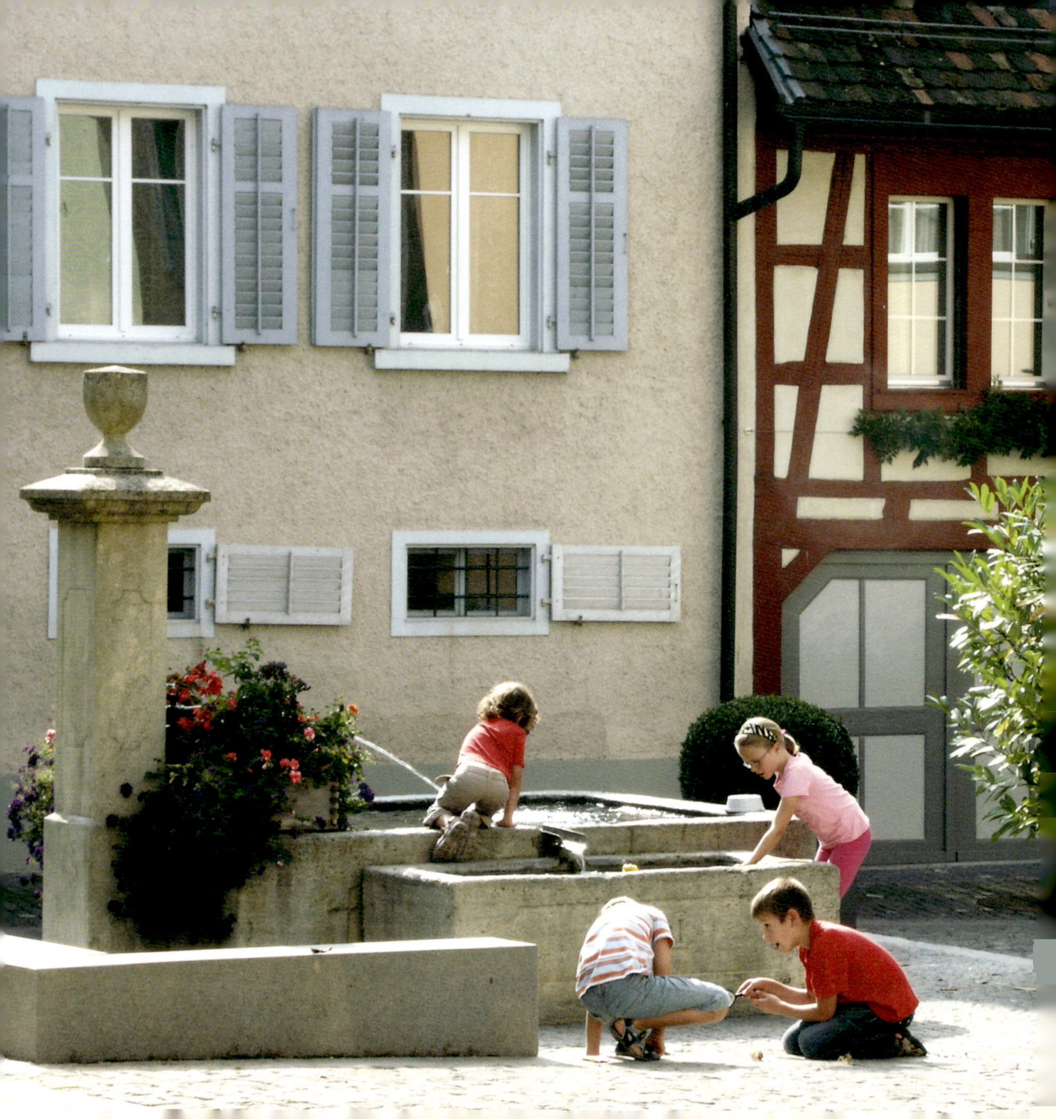

Stein am Rhein/Switzerland

小さな窓

見た目は小さくても、部屋の中にたくさんの光を取り込む窓。手のひらほどの幅のものにも鮮やかな花の鉢が飾ってあったりして、とても愛しく思える。

Guarda/Switzerland

51

Ribeauville/France

Guarda/Switzerland

Scuol /Switzerland

St-Paul-de-Vence/France

Appenzell/Switzerland

Guarda/Switzerland

Riquewihr/France

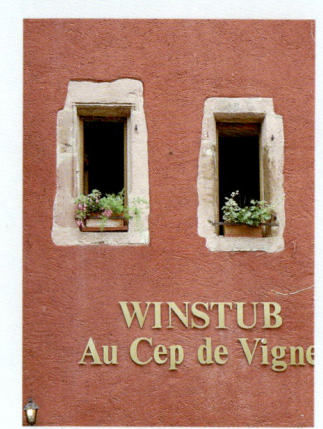

Stein am Rhein/Switzerland

Guarda/Switzerland

Guarda/Switzerland

Ardez/Switzerland   Guarda/Switzerland 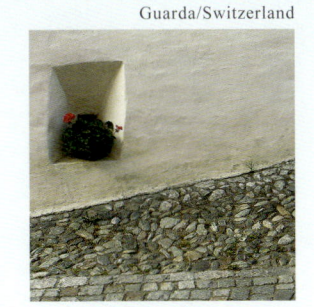   Ardez/Switzerland

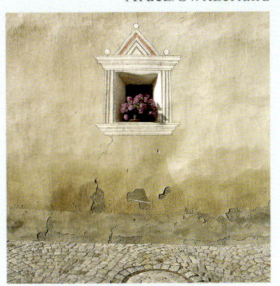

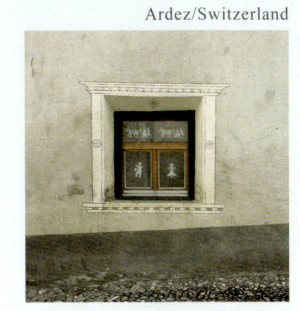

Guarda/Switzerland    Český Krumlov/Czech   Ardez/Switzerland

Scuol/Switzerland    Guarda/Switzerland 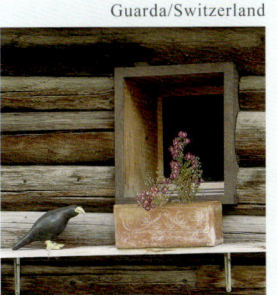    Guarda/Switzerland

Strasbourg/France

Arbon/Switzerland

02

フレスコ画／スグラッフィート／壁絵・だまし絵／アート・陶器・モザイク

民家の外壁に描かれた絵。描いた人が有名か無名かは、もはや問題ではない。神話や聖人、歴史や物語。そこに描かれたテーマを超えて、壁絵は町の風景や人々の暮らしの中に溶け込んでいる。また、スグラッフィート（掻き落とし技法）で飾られた農家はスイスのエンガディン地方でも多く見られる。伝統的な模様で彩られた通りは落ち着いた印象で、昔ながらの暮らしを守る村人の誇りさえ感じられる。

Garmisch-Partenkirchen/Germany

02-1 フレスコ画

Garmisch-Partenkirchen/Germany

Ardez/Switzerland

Praha/Czech

Garmisch-Partenkirchen/Germany

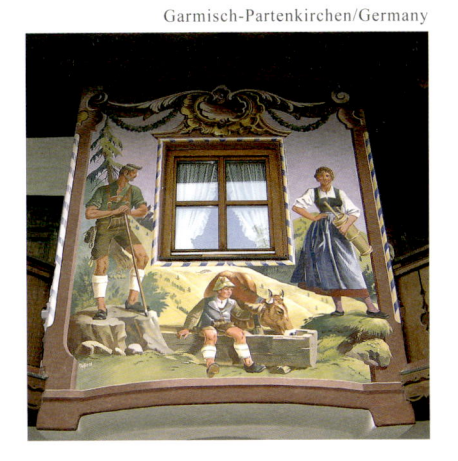

Garmisch-Partenkirchen/Germany

Oberammergau/Germany

Praha/Czech

Mittenwald/Germany

Stein am Rhein/
Switzerland

Stein am Rhein/
Switzerland

Oberammergau/Germany

Garmisch-Partenkirchen/Germany

Guarda/Switzerland

Garmisch-Partenkirchen/Germany

67

Schaffhausen/
Switzerland

02-2 スグラッフィート

St.Moritz/Switzerland

Barcelona/Spain

Guarda/Switzerland

Guarda/Switzerland

Ardez/
Switzerland

Guarda/
Switzerland

Guarda/Switzerland

Ardez/Switzerland

Ardez/Switzerland

Ardez/Switzerland

Ardez/Switzerland

Scuol/Switzerland

02-3 壁絵・だまし絵

Schaffhausen/Switzerland

Český Krumlov/Czech

Appenzell/Switzerland

Le Cannet/France

Oberammergau/Germany

Milano/Italy

Milano/Italy

Bern/Switzerland

Wernigerode/Germany

Brussel/Belgium

Èze/France

Scuol /Switzerland

Ardez/Switzerland

Scuol /Switzerland

St.Moritz/Switzerland

87

Schaffhausen/
Switzerland

02-4 アート・陶器・モザイク

Chartres/France

Chartres/France

Rouen/France

Praha/Czech

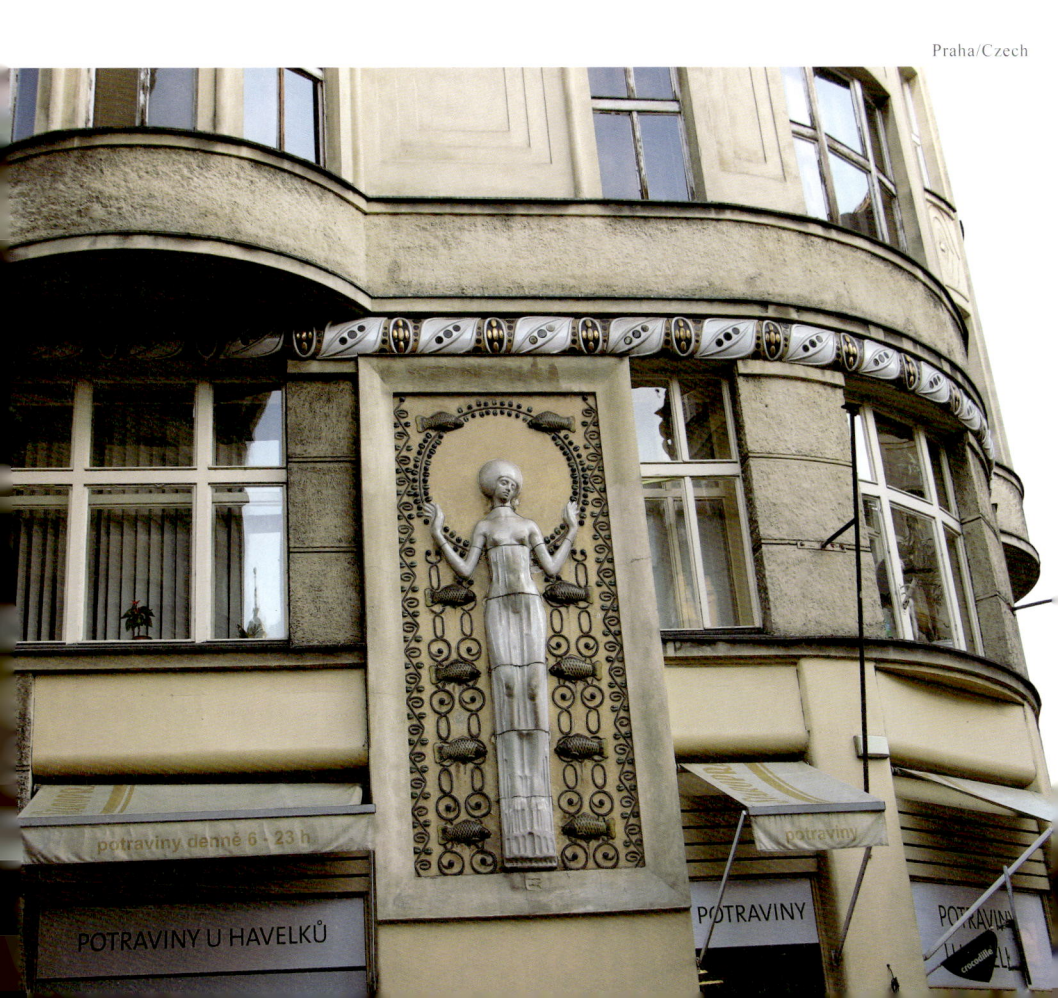

L'Isle-sur-la-Sorgue/France

St-Paul-de-Vence/France

Soglio/Switzerland

Stein am Rhein/Switzerland

Strasbourg/France

Wien/Austria

Chartres/France

Frigiliana/Spain

Wien/Austria

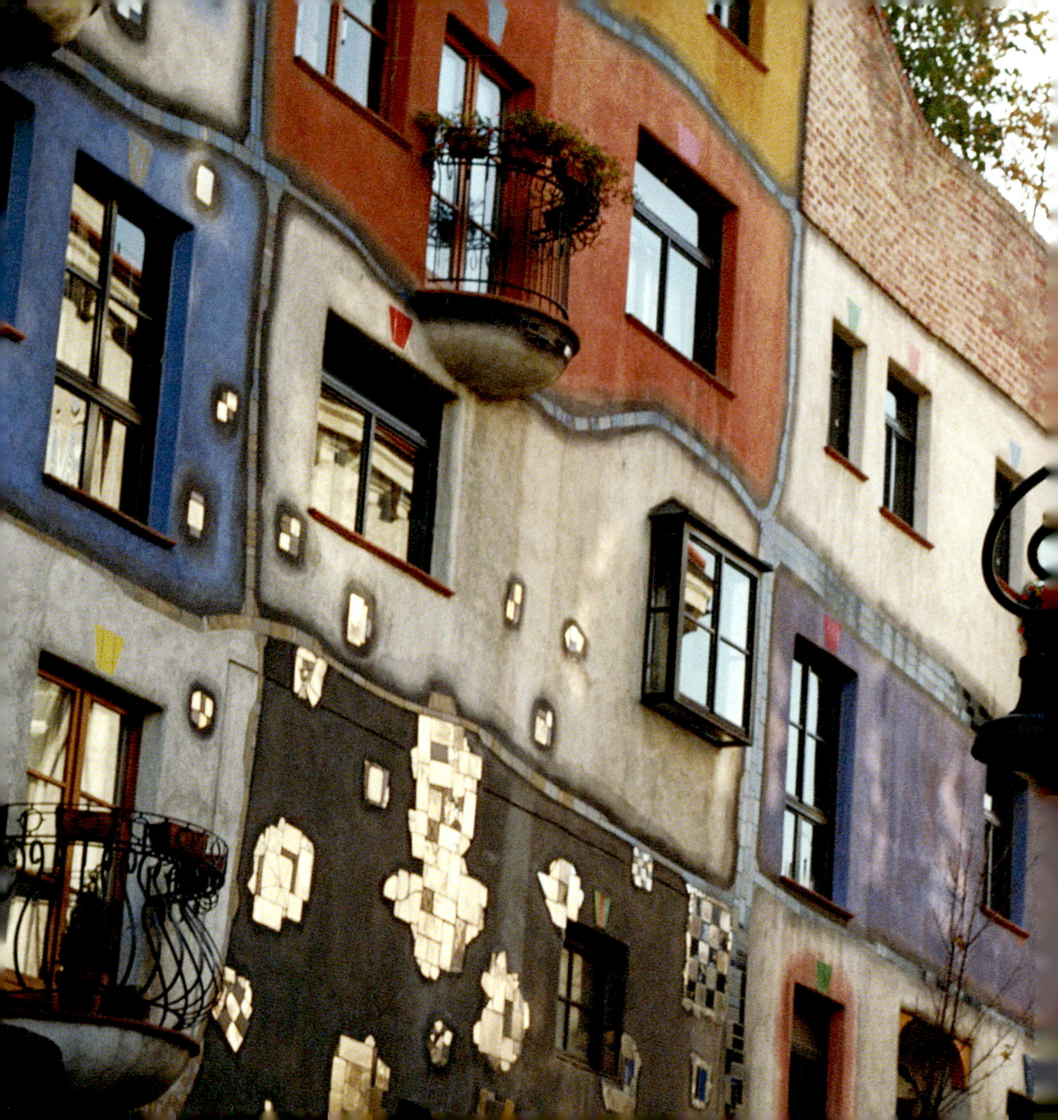

Wien/Austria

郵便受け

心と心を繋ぐ郵便受け。それは玄関のアクセントでもあり、住む人の感性やこだわりが感じられる。手づくりの素敵な郵便受けには良い知らせが届きそう！

Garmisch-Partenkirchen/
Germany

St-Paul-de-Vence/France | St-Paul-de-Vence/France

Wernigerode/Germany  | Garmisch-Partenkirchen/Germany

Oberammergau/Germany

Bamberg/Germany

Garmisch-Partenkirchen/Germany

Arbon/Switzerland

La turbie/France

Český Krumlov/Czech

St-Paul-de-Vence/
France

03

アイアン・ガラス／木・石・壁／像・装飾・彫刻／ビル・ホテル

時代を象徴するさまざまなスタイルの装飾が、その時代のオリジナルのまま窓辺や通りを飾っていることにいつも感動を覚える。大きな広場の建物には美しい天使や聖人像が並び、小さな街角にはやさしい笑みをたたえたマリア像。何世紀もの間、壁の中から人々を見守り続けている。旧市街の通りは上を向いてゆっくりと歩こう。美術館に行かずとも、心を動かす芸術作品やアートに出会えるのだから。

Barcelona/Spain

03-1 アイアン・ガラス

AD·1881

LAMB TAVERN

YOUNGS

London/UK

Sainte-Agnès/
France

Český Krumlov/
Czech

Roussillon/France

Scuol/Switzerland

Scuol/Switzerland

Firenze/Italy

Ardez/Switzerland

Genève/Switzerland

Schaffhausen/
Switzerland

Quedlinburg/Germany

Praha/Czech

Praha/Czech

Soglio/Switzerland

03-2 木・石・壁

Český Krumlov/Czech

Český Krumlov/Czech

Roussillon/France

118

Schaffhausen/
Switzerland

Arbon/Switzerland

120

Fontvieille/France

121

Ribeauville/France | Goslar/Germany  | Hameln/Germany

Rye/UK  | Stein am Rhein/Switzerland  | Český Krumlov/Czech

St-Paul-de-Vence/
France

Soglio/Switzerland

St.Gallen/Switzerland

03-3 像・装飾・彫刻

Rouen/France

Goslar/Germany

Praha/Czech

Barcelona/Spain

Genève/
Switzerland

Praha/Czech

Aix-en-Provence/France

Schaffhausen/Switzerland

Praha/Czech

Orivieto/Italy

03-4 ビル・ホテル

Brussel/Belgium

Barcelona/Spain

134

Venezia/
Italy

Villefranche-sur-Mer/
France

Praha/Czech

Brussel/Belgium

ベンチ

ひとりでぼんやり過ごしたり、友だちとおしゃべりしたり。ベンチは住人にも旅人にもなくてはならないもの。体と心をリセットしたら、また歩き始めよう。

Burford/UK

Lido/Italy

Quedlinburg/Germany

Stow-on-the-Wold/UK

Mittenwald/Germany

140

Kleine Scheidegg/Switzerland

Praha/Czech

Goslar/Germany

Garmisch-Partenkirchen/Germany

Ardez/Switzerland

Stow-on-the-Wold/UK

141

Bath/UK

St.Moritz/Switzerland

Engadin/Switzerland

04

カフェ・レストラン／ショップ・ギャラリー／ショーウィンドウ

カフェやショップのウィンドウはお店の顔でもあるし、中を覗かれてもよいオープンな窓だ。どのお店も工夫を凝らしたインテリアやディスプレイで、道行く人の目を楽しませてくれる。また、日が落ちてくると窓の中の世界はいっそう際立ち、その光に誘われて人が集まってくる。クリスマスシーズンともなるとウィンドウは楽しさいっぱいだ。大人も子どももあたたかい光に包まれて、心は夢の国を旅する。

04-1 カフェ・レストラン

Český Krumlov/
Czech

Appenzell/Switzerland

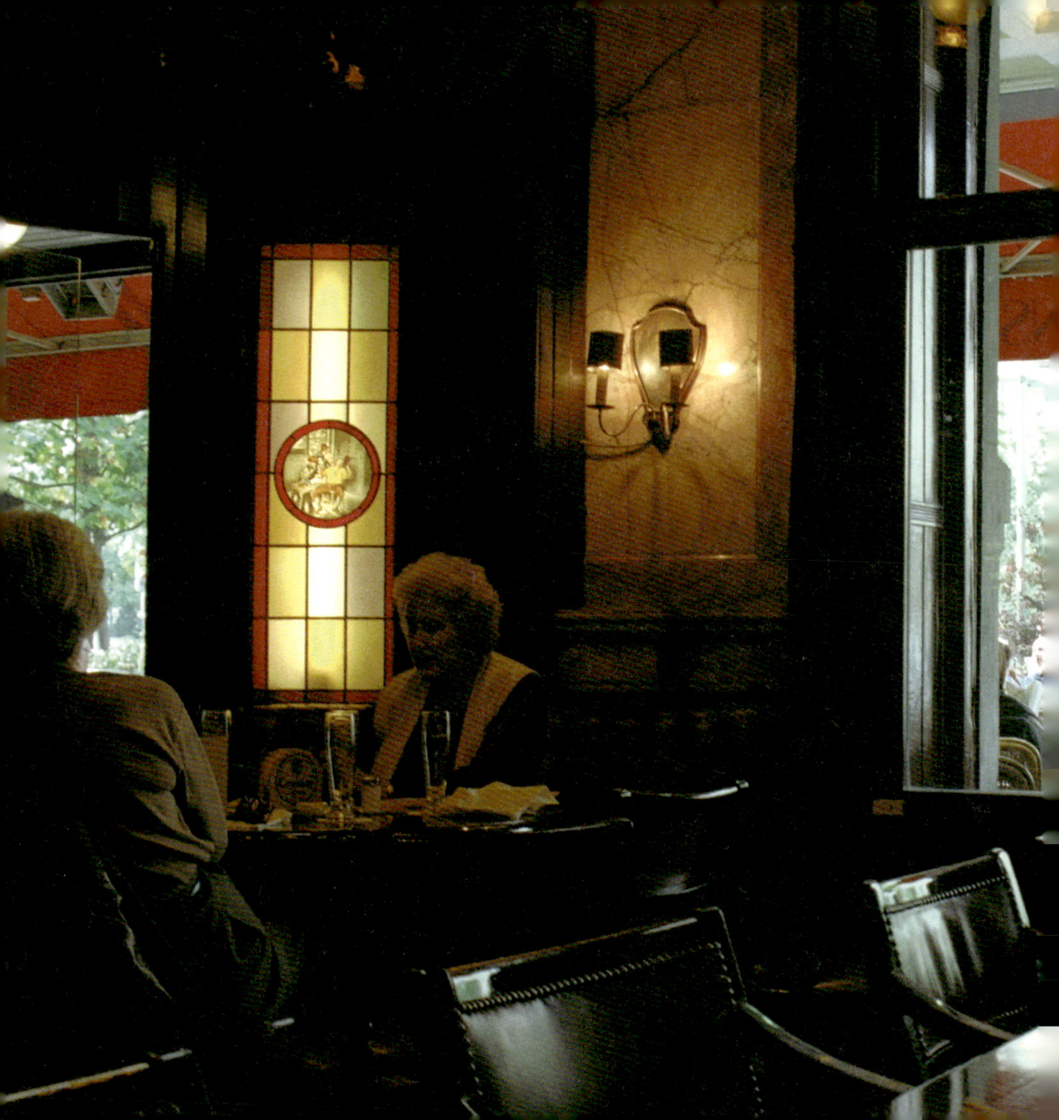

Brussel/Belgium

Roussillon/France

St-Paul-de-Vence/France

Bradford-on-Avon/UK

Strasbourg/France

Schaffhausen/Switzerland

04-2 ショップ・ギャラリー

Antwerpen/Belgium

Honfleur/
France

Český Krumlov/
Czech

Brugge/Belgium

Gordes/France

160

Praha/Czech

Genève/Switzerland

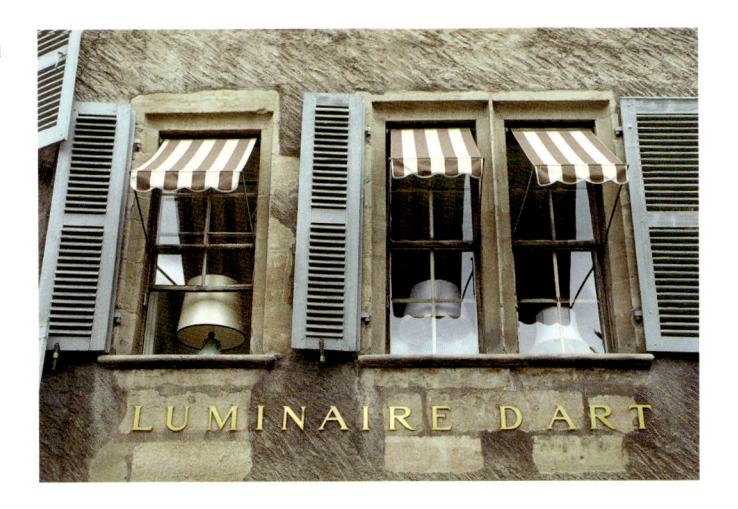

Praha/Czech

Český Krumlov/Czech   Český Krumlov/Czech

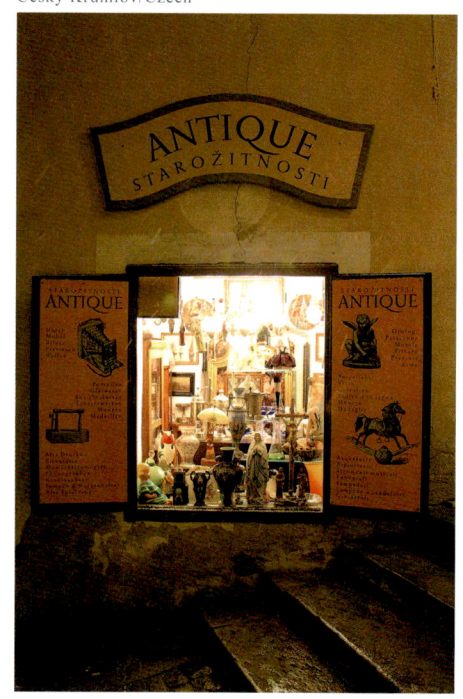

Praha/Czech

Český Krumlov/Czech

Český Krumlov/Czech

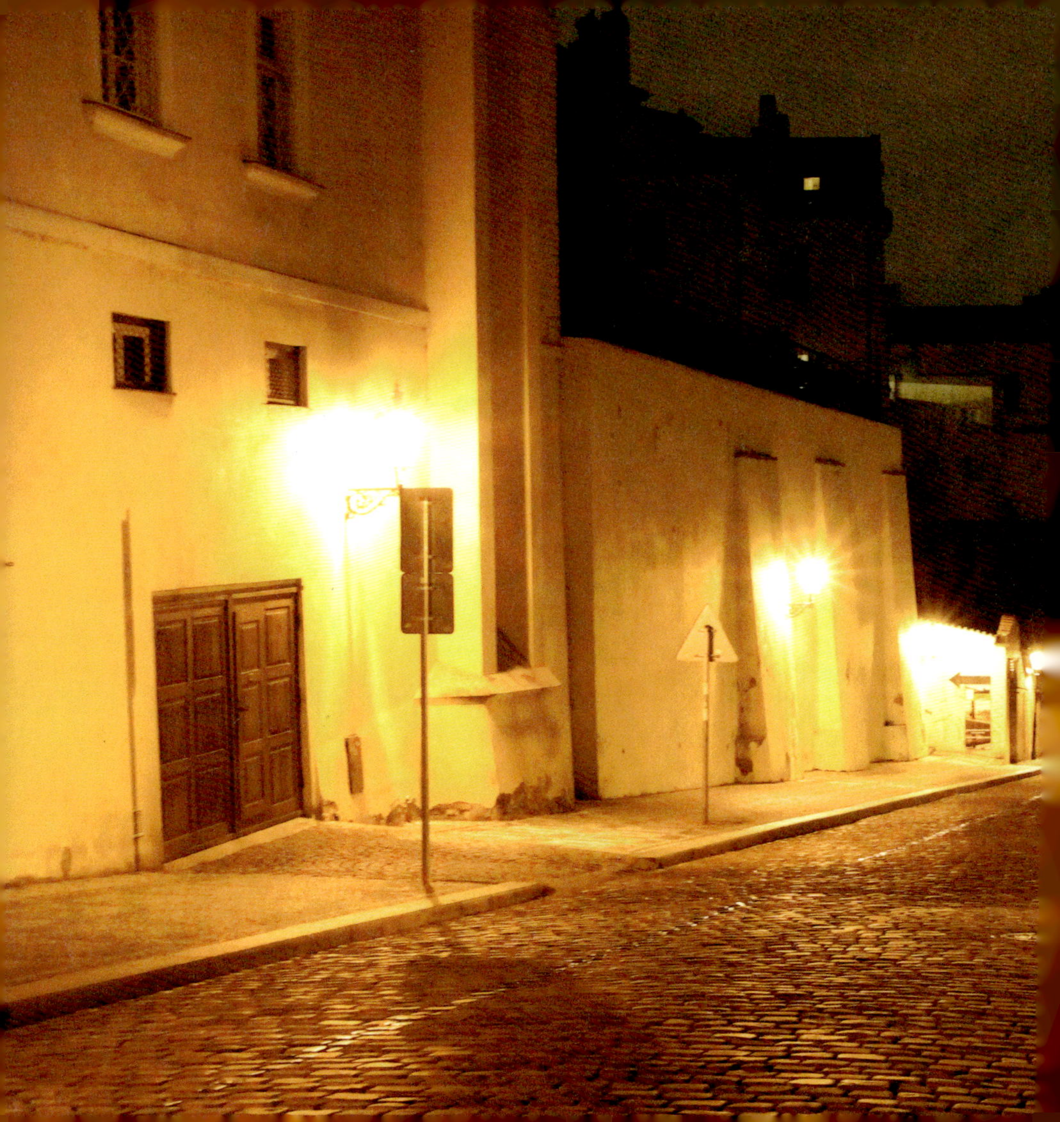

Praha/Czech

04-3 ショーウィンドウ
Buchen 3.55
kuchen nach altem
ept mit viel Marzipan u. Walnüssen

Rothenburg ob der Tauber/Germany

Brussel/Belgium

Hameln/Germany

Burford/UK

Praha/Czech

Barcelona/Spain

Strasbourg/France

Praha/Czech

Praha/Czech

Rothenburg ob der
Tauber/Germany

177

Salzburg/Austria

扉

路地裏では思わずノックしたくなるような素敵な扉によく出会う。ツタや花で彩られた扉や古くて重厚な木の扉の中には、一体どんな暮らしがあるのだろう。

Biot/France

Garmisch-Partenkirchen/Germany

Mittenwald/Germany

Frigiliana/Spain

Nürnberg/Germany

180

Salzburg/Austria

Český Krumlov/Czech

London/UK

Praha/Czech

Goslar/Germany

Wernigerode/Germany

Vence/France — Frigiliana/Spain  — St-Paul-de-Vence/France

Arbon/Switzerland  — Biot/France  — Český Krumlov/Czech

Český Krumlov/Czech

Roussillon/France

Strasbourg/France

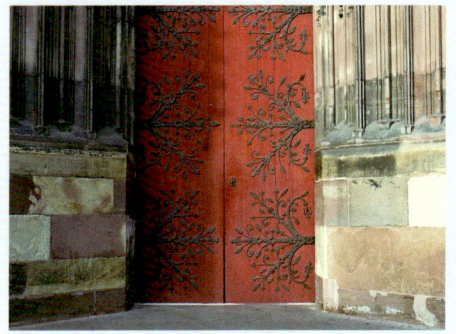

Appenzell/Switzerland

Bath/UK

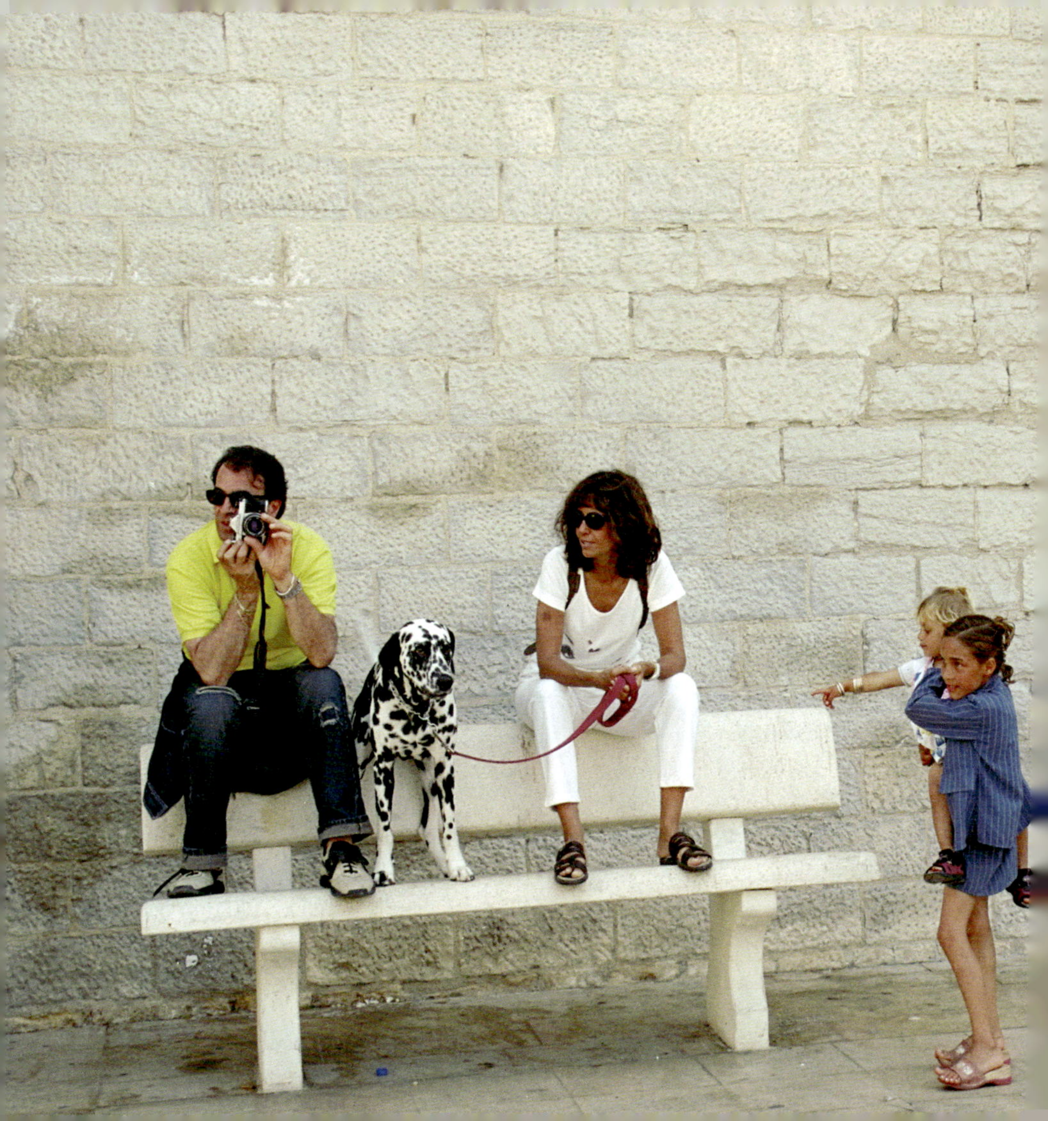

Saintes-Maries-
de-la-Mer /
France

Ferrara/Italy

Český Krumlov/Czech

Èze/France

Èze/France

Èze/France

おわりに

あなたの窓からは今、何が見えているだろうか。

仕事をしている時、大切な人と過ごす時、歌っている時、ひとり静かに過ごす時。たとえどんな時でも"感じる心"を曇らせずにいられたら、窓の神様が色んな素晴らしいものを見せてくれる、そんな気がしてならない。

昨年の「ヨーロッパの看板」に続いて、この度「ヨーロッパの窓」写真集出版の機会を与えていただいた。本当に有り難く幸せなことだ。私の小さな窓からは今、祝福のやさしい光が降り注いでいる。そしてそこに映し出されているのは、これまで旅してきた道のりとまだ見ぬ世界への夢である。

心からの感謝を光村推古書院の編集長合田氏、いつも見守ってくれている家族、そしてこの本に関わって下さったすべての皆さまに。

プロフィール

上野美千代(Ueno Michiyo)
北九州市門司区在住。レトロな駅舎の門司港駅の近くで、ヴィンテージ雑貨＆カフェ「プラス門司港」を営む。

ヨーロッパの窓
～石畳の路地裏散歩～

平成27年9月9日　初版1刷　発行

写真・文　上野美千代

発　行　者　浅野泰弘

発　行　所　光村推古書院株式会社
　　　　　　〒604-8257
　　　　　　京都市中京区堀川通三条下ル　橋浦町217-2
　　　　　　PHONE 075-251-2888　FAX 075-251-2881
　　　　　　http://www.mitsumura-suiko.co.jp

印　　　刷　ニューカラー写真印刷株式会社

©2015 Ueno Michiyo　printed in Japan

本書に掲載した写真・文章の無断転載・複写を禁じます。
本書のコピー、スキャン、デジタル化等の無断複製は著作権法上での例外を除き禁じられています。本書を代行業者等の第三者に依頼してスキャンやデジタル化することはたとえ個人や家庭内での利用であっても一切認められておりません。

乱丁・落丁本はお取り替えいたします。

デザイン　辻恵里子(ニューカラー写真印刷)
進　　行　山本哲弘(ニューカラー写真印刷)
編　　集　合田有作(光村推古書院)

ISBN978-4-8381-0533-5